51

Lb 2275.

I0000487

DÉFENSE

(cachet : BIBLIOTHÈQUE IMPÉRIALE)

PRONONCÉE

Par M. B.-L. Corail,

Négociant & Propriétaire,

DEVANT LA COUR D'ASSISES DE LA HAUTE-GARONNE,

Le 1.er Août 1834,

Suivie de l'Acquittement de l'écrit incriminé, intitulé :
PARIS, LYON, AVRIL 1834.

(annotations manuscrites)

BIBLIOTHÈQUE ROYALE

Messieurs les Jurés,

Traduit devant vous comme prévenu, pour un écrit si simple, qu'il n'a besoin pour être compris que d'être lu, que je me félicite de vous avoir pour juges! Lorsque les délégués d'un pouvoir ombrageux sont surchargés de récompenses, il faut bien faire preuve de bonne volonté. Mon écrit a été tronqué, torturé; il a fallu même interpréter ce que je n'ai pas dit : et me voici devant vous. Belle et salutaire institution de juges citoyens, combien je t'apprécie aujourd'hui !

Je comparais devant vous, Messieurs, vous mes égaux, propriétaires comme moi, industriels comme moi, pères de famille, intéressés tous à la conservation de la fortune et de la vie de vos parens, de vos femmes et de vos enfans. Et bien, vous le savez tous, ces droits ont été méconnus; des milliers d'individus inoffensifs, aussi innocens que vous, ont perdu leur fortune, quelques-uns ont été mutilés, d'autres ont perdu la vie. C'est encore peu des horreurs de Lyon : en pleine paix, au centre de Paris, 22 individus, femmes, enfans, vieillards et infirmes, ont succombé sous la rage d'une soldatesque effrénée; des victimes sans défense ont été inhumainement égorgées; et les députés n'ont pas crié vengeance! et la chambre des pairs laisse impuni un pareil crime! Et moi, moi, simple citoyen comme vous, intéressé comme vous tous à la conservation de tout ce qui m'est cher, je n'ai pu contenir dans mon cœur l'horreur que m'ont inspirée de pareils attentats; une conduite aussi atroce m'a révolté. Les expressions de mon écrit n'ont rendu que faiblement ma pensée; ma justification exige que je la développe tout entière, et que je vous prouve que nul en France n'a pu donner l'ordre barbare d'un pareil assassinat; que si des monstres s'en sont rendus coupables, ils doivent être punis, ou que la société est désormais sans garantie pour l'avenir, et sous le poids du despotisme militaire le plus affreux qui fut jamais.

Confiant dans votre équité et dans vos lumières, j'aurais borné ma défense à la simple lecture de mon écrit; mais les charges de l'accusation me forcent d'aborder chaque phrase séparément, et de développer toute ma pensée. Je n'abuserai pas de vos momens, et peu de pages suffiront, je l'espère, à mon entière justification.

D'abord, Messieurs, je dois vous prévenir que mon écrit n'a été imprimé que quinze jours après les événemens, lorsque toute effervescence était passée; je ne l'aurais point livré à la publicité, si j'avais cru qu'il pût servir de prétexte au moindre désordre. La meilleure preuve que je puisse en donner, c'est que je les destinais presque tous aux députés auxquels j'en avais envoyé 300, et que les 200 qui me restaient n'ont été confiés, dans les diverses villes de France, qu'à des citoyens recommandables, que je savais incapables d'en faire un mauvais usage.

Si, dans le sens de l'accusation, je n'eusse voulu produire que du scandale, mon écrit eût paru à l'époque où les esprits étaient dans la plus grande irritation; je l'eusse fait imprimer à 10,000 exemplaires au lieu de 500; il eût été placardé, distribué, répandu dans tous les lieux publics.

Pour me prêter de pareilles idées, il ne faut pas me connaître. Travailleur moi-même, dirigeant depuis bien des années, à la ville et à la campagne, nombre d'ouvriers, qui n'ont d'autre existence que celle que je leur donne, j'ai besoin de l'ordre, et je regarde comme le devoir le plus sacré de leur donner l'exemple de ma soumission à la loi.

Quelques basiles ont voulu me gratifier du dangereux honneur d'être chef de parti. Je respecte toutes les opinions; mais, heureux dans ma médiocrité, je cultive les arts, l'agriculture, le commerce, ne m'avise strictement que de mes propres affaires, et mon refus obstiné à d'honorables suffrages prouve mon peu d'ambition.

C'est assez vous occuper de moi, j'entre en matière.

PREMIÈRE PHRASE.

Les événemens déplorables dont Paris et Lyon viennent d'être les tristes victimes, ont rempli d'horreur et d'indignation tous les cœurs français.

Quel est celui de vous, Messieurs, qui n'a pas éprouvé la même impression? Peut-on ne pas être ému au récit de toutes les horreurs dont ces malheureuses cités ont été les victimes? Trois jours de suite, Lyon s'est trouvé en butte à toutes les horreurs d'une ville prise d'assaut en pays ennemi. Vous êtes propriétaires de maisons, attachés par votre situation au local que vous habitez, très-souvent dans une position sociale qui ne vous permet pas de quitter votre habitation. Figurez-vous, pendant trois jours, la terreur des Lyonnais paisibles; que pouvaient-ils devenir? Les mesures violentes du premier jour avaient généralisé la révolte; la mort, l'incendie et la dévastation, étaient partout. Abandonner sa demeure, on est ruiné; où trouver un refuge? comment pouvoir l'atteindre? Pour franchir le moindre espace, l'on est atteint par les balles des deux partis; et que de pères de famille inoffensifs ont ainsi perdu la vie! Si le combat se fût borné dans la rue, en restant tranquille chez soi, on pouvait se soustraire au danger. Mais lorsque la mitraille enlève les toits, l'artillerie ébranle les murs, et le génie mine les fondemens des habitations, il est bien difficile de ne pas êtré livré au désespoir. Ajoutez à tant d'angoisses le bombardement des divers quartiers insurgés, et l'incendie venant mêler ses ravages à tant de maux. Et bien, Messieurs, voilà ce que j'ai déploré. 4 millions de dommages ont consommé la ruine de bien des familles; et quel est celui de nous qu'un pareil malheur ne menace pas à l'avenir, si aucune voix généreuse ne se fait entendre? C'est encore peu de vos biens; mais votre propre existence, celle de vos femmes, de vos enfans, sont sans garantie, si l'assassinat de la rue Transnonain reste impuni. Et quoi! Messieurs, il suffira qu'un assassin se glisse le long des toits, tue un militaire dans la rue; et tous les malheureux habitans de cette habitation, femmes, vieillards, enfans, seront égorgés impunément! Une chambre des pairs répondra froidement, c'est un malheur! un ministre à la tribune, c'est un malheur! Oui, c'est un malheur, sans doute; mais le sang de ces victimes innocentes crie vengeance; il ne saurait rester impuni.

DEUXIÈME PHRASE.

Le préfet et le général viennent de recevoir des récompenses; ils ne méritent que le bill d'accusation le plus grave qui ait jamais pesé sur la tête de prévenus. Ils se sont rendus coupables de tout

le sang qui a été répandu, et qu'ils auraient épargné par des mesures plus en harmonie avec leurs devoirs et la protection qu'ils
devaient à la ville qu'ils commandaient.

Messieurs, lorsque des récompenses semblent
n'être que le fruit du sang français répandu, je
ne les conçois pas ; mon dégoût est presqu'aussi
fort pour celui qui les reçoit que pour celui qui
les donne. Les peuples libres anciens donnaient
aussi des récompenses : c'était à celui qui avait
sauvé la vie d'un citoyen ; le prix du sang ne
fut payé dans Rome qu'aux satellites des discordes
civiles.

Quelles mesures ont été prises par le préfet et
le général ? Les citoyens, amis de l'ordre, ont-ils
été convoqués ? Ils étaient avertis d'avance de la
coalition des ouvriers ; une nombreuse garnison
était à leurs ordres. Un coup de feu part d'un
groupe : au lieu de se précipiter sur le coupable,
on tire sur la multitude, le coupable s'évade, et
voilà la guerre civile engagée. Pense-t-on qu'il
faille un grand courage pour se mettre derrière
et faire tirer la troupe ? Dans une émeute, le
courage, je dirai plus, le devoir d'un préfet et
d'un général, c'est de calmer les irritations, d'em-
pêcher les malheurs qu'entraîne la révolte par
tous les moyens possibles, de s'offrir même en
holocauste pour éviter l'effusion du sang. A-t-on
fait un appel, à Lyon, à l'immensité des citoyens
paisibles intéressés à la conservation de la tran-
quillité publique ? On a mis aux prises l'armée
avec de malheureux ouvriers ; au lieu de calmer

leurs misères en leur promettant un meilleur
avenir, on n'a su employer contr'eux que la force
brutale; beaucoup de victimes ont succombé.
Mais un Français qui meurt d'une main étran-
gère, n'importe pour quel motif, trouve dix ven-
geurs dans sa propre ville; chacun a ses parens,
ses amis; on ne voit pas de sang-froid périr ce
que l'on a de plus cher; on est entraîné par un
désir presqu'immodéré de vengeance. Le second
jour la révolte est augmentée, résultat inévitable
des mesures cruelles prises la veille; insurgés,
habitans paisibles, tout est confondu; la fusillade
ne suffit plus : l'artillerie, le génie, viennent
mêler leurs horreurs à tant de maux; et cet horrible désastre ne s'est terminé que par la lassi-
tude des combattans.

Les ouvriers ont été vaincus : pouvait-il en
être autrement? Quelques milliers d'individus,
sans munitions, sans armes, sans chefs, poussés
au désespoir par la misère et la faim, pouvaient-
ils ne pas succomber? En vain cherche-t-on à
donner une teinte politique à cette émeute; elle
ne peut avoir été que secondaire. Dans quelle
triste position n'a-t-on pas réduit, en employant
la force, les familles de toutes ces malheureuses
victimes? Est-ce encore avec de la mitraille ou
des balles qu'on viendra soulager leur misère?
Qu'ils se rassurent : en vain voudrait-on les pros-
crire; la fortune de l'homme de bien est un asile
assuré pour toutes les infortunes.

R.F.
BIBLIOTHÈQUE NATIONALE IMPRIMÉS

TROISIÈME PHRASE.

Ils ont outrepassé leurs pouvoirs. En pleine paix, dans un pays où 3oo mille soldats, plus de 3 millions de gardes nationaux, ont pour mission de maintenir l'ordre et faire respecter les lois, un général et un préfet ont osé livrer à toutes les horreurs d'une ville prise d'assaut en pays ennemi la première ville industrielle de France; en plein jour des militaires ont égorgé, dans une maison à Paris, des femmes, des enfans, des vieillards, des hommes sans défense : et de pareils crimes resteraient impunis !

Messieurs les Jurés, ce que je dis est strictement vrai, et je traite la question sociale qui vous intéresse le plus. Aucun pouvoir sur la terre ne peut avoir le droit de confondre impunément l'innocent et le coupable, de frapper le citoyen inoffensif. A Constantinople, les Turcs n'eussent pas été traités avec plus de barbarie. Et cependant, Messieurs, on vous parle sans cesse de charte, de droits constitutionnels. Si l'on peut impunément vous traiter avec cette rigueur, il n'y a plus de liberté en France; vous êtes sans aucun droit; le despotisme militaire vous écrasera au moindre prétexte; et avec un pareil antécédent impuni, vos fortunes et vos vies se trouveront à la merci des proconsuls préfets et généraux, qu'il plaira au pouvoir de vous envoyer.

Le malheureux événement de la rue Transnonain doit vous faire frémir. Quel est celui de vous à l'abri de pareilles atrocités? Le meurtre de ces malheureuses victimes doit prouver à tous les Français le peu de compte que fait le pouvoir de la vie des citoyens. Cette impunité est

incroyable. A travers ce tissu d'horreurs, n'aper-
çoit-on pas l'ordre barbare qui seul a pu diriger
les assassins? Les subalternes ne sont-ils pas toujours sacrifiés aveuglément, quand ils peuvent
l'être avec impunité; n'a-t-on pas craint les ré-
vélations; ne serait-ce pas la cause du déni de
justice?

.22 personnes, femmes, enfans, vieillards, infirmes, sont égorgés sans pitié; ils sont étrangers
à l'émeute. On demande justice, justice est re-
fusée; et moi, simple citoyen comme vous, intéressé comme vous à la conservation de ce que
j'ai de plus cher, je ne pourrai pas porter une
plainte! On m'accuse d'avoir déversé le mépris
et la haine des citoyens sur la classe des militaires. Le vrai courage est généreux; l'armée entière est intéressée à la punition de ce crime.
Moi aussi j'ai été militaire; en 1808, à la prise
de Madrid, après avoir enlevé la redoute de la
porte d'Alcala, je m'emparai à la bayonnette de
l'hôtel Villa-Hermosa, situé sur le Prado. Plu-
sieurs de mes soldats furent tués par la fusillade
des caves, des toits et des croisées; leur fureur
était grande. Et bien, deux généraux, leurs aides
de camp et une ordonnance, furent trouvés dans
la cave de l'hôtel; ils furent épargnés.

Les parens des victimes ont vainement réclamé
justice. Je suppose qu'un fils, qu'un frère eût
vengé sur un des assassins la mort de celui qu'il
regrette, qu'il se fût constitué prisonnier, qu'il
s'avouât coupable, qu'il vous dît : Mon père est

mort assassiné, j'ai réclamé justice, la justice a été sourde à ma voix, je me suis vengé; le condamneriez-vous?

L'artillerie et le génie vomissent le fer et la flamme dans la première cité industrielle de France, ruinent les citoyens inoffensifs pour atteindre quelques coupables. Ce ne sont pas certainement les propriétaires de maisons qui se révoltent; et vous en faites vos victimes.

Une question sociale du plus haut intérêt se rattache à cette circonstance. Nos propriétés sont garanties par la charte; la justice s'oppose à ce qu'un citoyen soit puni des fautes qui ne lui sont pas personnelles. Qui supportera les frais de tant de dommages? Le tribunal de première instance de Paris a déjà décidé la question; il a affranchi la ville de Paris de tous les dommages occasionnés par l'artillerie au mois de juin. Puisque le gouvernement est condamné à supporter les dommages qu'il a ordonnés, il a donc excédé les bornes de son pouvoir.

QUATRIÈME PHRASE.

La société serait sans garantie pour l'avenir, si de pareilles atrocités pouvaient se renouveler encore. Le pouvoir ose demander des lois répressives, lorsque les droits les plus sacrés des citoyens ont été indignement méconnus, lorsque des citoyens inoffensifs perdent la vie, leur fortune, celle de leurs femmes, de leurs enfans, par les mêmes soldats qu'ils paient pour les protéger et les défendre.

Ce tableau, Messieurs, est effrayant de vérité. Je défie les partisans les plus obstinés du despotisme militaire de le lire ou de l'entendre sans frémir ; il s'explique assez de lui-même, tout commentaire deviendrait superflu.

CINQUIÈME PHRASE.

Il suffira de quelques agens provocateurs pour exciter une révolte, et tous les liens sociaux seront brisés ! et un préfet, un général, feront de la force et détruiront des milliers d'innocens pour atteindre un coupable !

Le peuple, Messieurs, et surtout la classe ouvrière, est naturellement tranquille ; elle ne bouge pas sans un motif réel de mécontentement. Après une révolution comme celle de 1830, il existe nécessairement bien des mécontens ; la marche des ministres gouvernans en a multiplié le nombre ; chaque occasion de désordre est exploitée par les partis : de là les révoltes. Saisissez les provocateurs, mais ne confondez pas dans la répression le malheureux ouvrier égaré par le besoin, et le citoyen tranquille, inoffensif. Le nombre des insurgés à Lyon n'a pas dépassé 2 à 3,000, 2 à 300 à Paris ; les liens sociaux n'ont pu être brisés. La charte a été manifestement violée ; les droits qu'elle confère à tous les citoyens ont été mis spécialement sous la sauvegarde de la garde nationale et de l'armée. Le révolté lui-même ne saurait être frappé par la force, s'il n'est saisi armé en pleine révolte ; il est du domaine de la loi. Et il dépendra d'un préfet et d'un général de remplir de carnage, de deuil et de désolation, toute une cité, pour la révolte de quelques individus; et chaque citoyen se trouvera à la merci d'une soldatesque effrénée à chaque révolte; et s'il perd sa vie, ses biens, celle de sa femme, de ses enfans, on répondra : C'est un malheur !

Messieurs, je ne saurais vous retracer avec assez d'énergie tout ce qui vous menace, si les malheurs de la rue Transnonain demeurent impunis. La charte n'est plus alors qu'un vain mot, l'arbitraire est tout, le pouvoir n'a d'autres limites que sa volonté, la force fait son droit, vous êtes asservis.

Le citoyen tranquille, qui paie ses impôts, qui remplit tous ses devoirs envers la société, ne saurait être atteint dans sa personne, ni celle de sa famille, par ceux qu'il paie pour le protéger et le défendre; ses propriétés sont spécialement sous la sauve-garde du pouvoir; il ne peut avoir le droit de les détruire. Un préfet, un général, tous les délégués, enfin, du pouvoir, sans distinction, tout-puissans seulement pour faire le bien, ne peuvent disposer sans crime des biens et de la vie des citoyens paisibles soumis à la loi; le sang d'un seul innocent, victime de leurs ordres barbares, doit retomber sur eux. La loi plane sur le préfet, sur le général, sur le ministre, sur le roi lui-même; l'enfreindre est un crime. La société ne saurait être soumise au caprice des gouvernans; les subalternes sont coupables, s'ils obéissent à des ordres illégalement

transférés ; ils ne doivent jamais oublier qu'ils sont citoyens, et qu'ils doivent en respecter les droits.

DERNIÈRE PHRASE.

Dans l'intérêt de la société tout entière, une loi est de rigueur pour maintenir dans de justes bornes les détenteurs de la force publique. Si la loi est méconnue, une population entière ne saurait être la victime de quelques coupables. La ville ou le lieu de la révolte doit être entouré, et des forces suffisantes réunies pour mettre fin au désordre et faire triompher la justice, sans mettre aux prises les soldats et les citoyens les uns contre les autres, et placer le militaire homme d'honneur dans la situation la plus horrible qui fut jamais.

Messieurs les Jurés, tout mon écrit est résumé dans ce dernier article; et quel est celui de vous qui ne partage pas mes idées ? J'ai écrit et pensé dans l'intérêt de tous. Si c'est un crime que d'être humain, je suis coupable. Des citoyens inoffensifs ont perdu la vie, d'autres ont été ruinés; le pouvoir s'est cru assez puissant pour remplacer la charte par l'arbitraire. Je demande, dans votre intérêt, dans le mien, une loi pour maintenir dans de justes bornes les détenteurs de la force publique. Si les assassinats de la rue Transnonain restent impunis, si des milliers de citoyens ont perdu leur fortune par les bombes, la mine et la mitraille; si une loi nouvelle ne vient pas rassurer les citoyens tranquilles et leur servir de sauve-garde, pour l'avenir, contre un pouvoir ombrageux, nous pouvons baisser la tête sous le joug. Ma comparution devant vous, Messieurs, est la preuve que la plainte est séditieuse, et que vous devez souffrir sans vous plaindre, sous peine d'être traités comme la révolte.

Confondre dans une répression une population entière pour atteindre quelques coupables, est une barbarie que repoussent également l'humanité et la justice. C'est un adage reçu, de sauver cent coupables pour épargner un innocent. Les principes bien différens suivis à Lyon ont été de sacrifier des milliers d'innocens pour atteindre quelques coupables.

On m'accuse de n'avoir de regret que pour quelques victimes. J'ai gémi sur toutes les infortunes; je déplore le sang français répandu par des Français; je fais le vœu que de pareilles horreurs ne puissent plus se renouveler à l'avenir. Ouvrier, soldat ou citoyen, je plains également toutes les victimes; mes regrets sont pour tous, et mes secours soulageront également leur misère.

Chaque citoyen paie à son tour de sa personne pour concourir à la défense de l'état. 1,500 millions sont arrachés annuellement à la propriété, à l'industrie, à l'agriculture : c'est payer assez chèrement le droit d'être tranquille; et quand on est soumis aux lois, nul pouvoir humain n'a le droit de disposer de la vie et des biens des citoyens paisibles.

On m'accuse d'attaquer l'armée. Officier moi-même dès mes plus jeunes années, vétéran d'Iéna, d'Eylau, de Friedland, personne plus que moi n'a appris à en apprécier le courage dans le danger, la résignation dans le malheur, le calme dans la souffrance.

On m'accuse d'attaquer le préfet et le général. Loin de moi l'idée de toute personnalité, d'outrage, de diffamation et de calomnie! Des récompenses ont été prodiguées dans un moment inopportun, au milieu du deuil général : je n'ai pu contenir mon indignation. Ce que j'ai dit, ce que j'ai pensé, je le dis, je le pense encore. Que le préfet, que le général soient irréprochables, je ne demande pas mieux que de l'apprendre.

Messieurs les Jurés, en composant ce faible écrit, j'ai cru remplir un devoir envers la société tout entière. Quel que soit votre jugement, il restera toujours au fond de mon cœur cette conviction qui a dirigé ma pensée; elle m'a déjà dédommagé de toutes les tribulations dont j'ai été la victime jusqu'à ce jour. Une conscience pure est le dernier refuge de l'homme de bien.

Toulouse, 1.er Août 1834.

B.-L. CORAIL.

Toulouse, Imprimerie de Benichet Cadet, rue Fourbastard, n. 26.

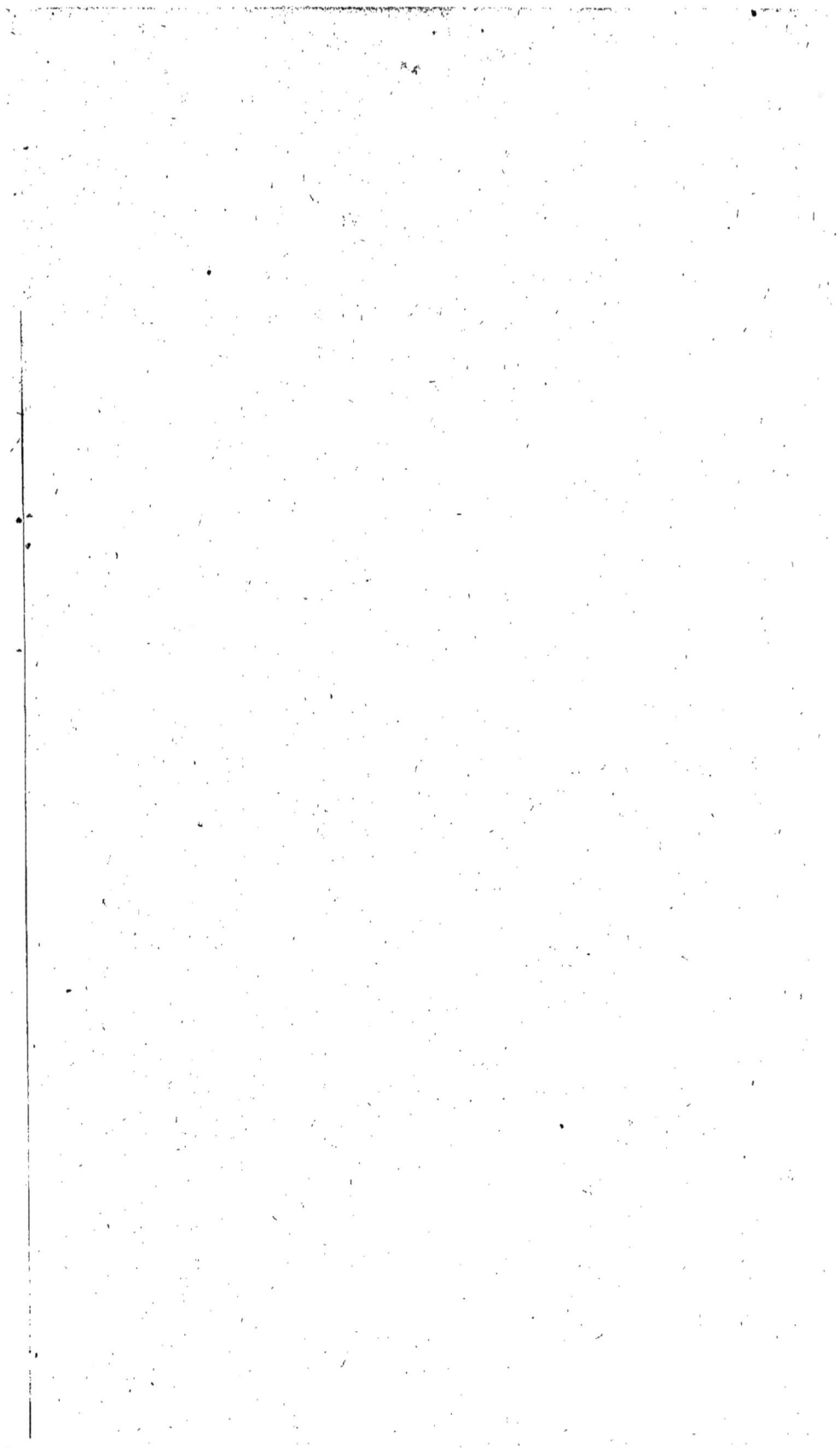

www.ingramcontent.com/pod-product-compliance
Lightning Source LLC
Chambersburg PA
CBHW050448210326

41520CB00019B/6114